世界のすごい室内装飾

Beautiful Interior Decoration in the World

世界のすごい室内装飾

Beautiful Interior Decoration in the World

目　次

ヴィースの巡礼教会 …… 4

バイロイト辺境伯歌劇場 …… 6

聖シュテファン大聖堂 …… 8

ミュンヘン・レジデンツ …… 10

テアティナー教会 …… 12

アザム教会 …… 14

フレデリクスボー城 …… 16

ローゼンボー城 …… 20

ガルニエ宮 …… 22

サント・シャペル …… 24

ヴェルサイユ宮殿 …… 26

フォンテーヌブロー宮殿 …… 28

ルーブル美術館 …… 32

column　西洋の建築様式 …… 36

バレンシア大聖堂 …… 38

サグラダ・ファミリア …… 40

アルハンブラ宮殿 …… 42

トレド大聖堂 …… 44

カタルーニャ音楽堂 …… 46

メスキータ …… 48

サン・フランシスコ教会 …… 50

ジョアニナ図書館 …… 52

聖ジョルジェ教会 …… 54

column　装飾が楽しめる施設 …… 56

ドハーニ街シナゴーグ …… 58

聖イシュトヴァーン大聖堂 …… 60

リラ修道院 …… 62

セドレツ納骨堂 …… 64

シフィドニツァの平和教会 …… 66

聖マリア教会 …… 68

ベネディクト会アドモント修道院図書館 …… 70

シエナ大聖堂 …… 72

サン・マルコ寺院 …… 74
ストゥピニージ離宮 …… 76
サン・ヴィターレ教会 …… 80
ジェズ教会 …… 82
column　装飾が素敵なレストラン …… 84
セント・パンクラス・ルネッサンス・ホテル …… 86
リッチフィールド大聖堂 …… 88
カステル・コッホ …… 90
聖ワシリー大聖堂 …… 92
血の上の救世主教会 …… 94
ドルマバフチェ宮殿 …… 96
ガダーミス旧市街の民家 …… 98
シェイク・ザーイド・グランド・モスク …… 100
ゴレスタン宮殿 …… 104
イマームモスク …… 106
ヴァーンク教会 …… 108
マスジェデ・ナシル・アル・モスク …… 110
シャー・チェラーグ廟 …… 112
マイソール宮殿 …… 114
サモードパレス …… 116
アンベール城 …… 118
メヘラーンガル砦 …… 122
ワット・プラケオ …… 124
サンクチュアリ・オブ・トゥルース …… 126
サント・ドミンゴ教会 …… 128
サン・フランシスコ・アカテペック教会 …… 130
オコトラン聖堂 …… 132
サン・フランシスコ教会 …… 134
ノートルダム聖堂 …… 136
ラ・コンパニア・デ・ヘスス教会 …… 138

ロココの完成形
「天から降ってきた宝物」

ヴィースの巡礼教会

ドイツ｜シュタインガーテン

涙と血を流す奇跡を起こしたという「鞭打たれるキリスト」の木像を見ようと、訪れるたくさんの巡礼者のために18世紀に建てられた礼拝堂。ドミニクス・ツィンマーマンによる設計で、外観はごく簡素だが、ドミニクスが手掛けた豪華なストゥッコ装飾、ドミニクスの兄で宮廷画家でもあった、ヨハン・バプティストが手掛けた錯覚をさそうトロンプルイユ天井画などの内装は、上品かつ華やかでロココ装飾様式の傑作といわれている。バロックとロココはともに、装飾に凝り曲線を多用するなど共通する要素も多いが、壮大さや力強さを重視したバロックに比べ、一時代後に生まれたロココは、柔らかな色使いでより軽快で優美なものとなっている。

天井に天国が描かれた オペラハウス

バイロイト辺境伯歌劇場

ドイツ｜バイロイト

ブランデンブルク・バイロイト辺境伯フリードリヒ 3世とその妃ヴィルヘルミーネの命によって建てられた、18世紀建造のバロック様式の歌劇場。ファサードは新宮廷と同じくフランス人建築家のジョゼフ・サンピエール、内部は当時人気のイタリア人劇場建築家ジュゼッペ・ガリ・ビビエーナが担当した。彫刻や絵画による豪華絢爛な内装は、当時のままの姿を残している。プロイセン王女で自身でも絵を描き、作曲するなど芸術を愛したヴィルヘルミーネは、バイロイトに嫁いだ当初、ベルリンでの華やかな宮廷生活との落差に失望したが、辺境伯妃として数々の建築物や庭園の構想に携わり、バイロイトをドイツ有数の魅力的な文化都市へと変身させた。

大火から蘇った
バロック都市の大聖堂

聖シュテファン大聖堂

ドイツ｜パッサウ

東部ドナウ地域の母聖堂となる大聖堂。パッサウはローマ時代から水運の要衝として栄え、8世紀に主教座がおかれて東部への布教の中心となった。13世紀には領主司教区の首都となり一層繁栄した。5世紀には教会があったが、現在の建物は、8世紀から17世紀までに造られた部分が混在し、17世紀、火事で大きな被害を受けて再建されたバロック様式部分が主となっている。この再建では、設計、内装、天井のフレスコ画すべてイタリア人が担当しており、アルプス以北で最大のイタリアン・バロック様式の聖堂内部となった。18世紀の華やかな装飾が施されている世界最大の聖堂オルガンは、現在もコンサートで音色を聴くことができる。

バイエルン王家の
厖大な収集品が彩る宮殿

ミュンヘン・レジデンツ
ドイツ｜ミュンヘン

旧市街北部にあるバイエルン選帝侯・王家ヴィッテルスバッハ家の宮殿。1385年頃に築かれた水城を起源とし、代々にわたり改築拡張したため、ルネサンス、バロック、ロココ、古典主義の様式が混在する。現存するいちばん古い部分は16世紀建造のアンティクヴァリウム。天井にはフレスコ画が描かれ、壁のくぼみには何体もの彫刻が並ぶ。先祖画ギャラリーも絢爛豪華で121枚もの一族の肖像画がかけられている。1920年より一般公開されており、現在は宝物館とレジデンツ博物館として、絵画や彫刻・陶磁器・銀食器・時計・燭台・シャンデリアにいたるまでの、ヴィッテルスバッハ王家が400年をかけて収集した美術工芸品と華やかな室内装飾が観賞できる。

神聖ローマ帝国初代皇帝オットー1世の彫像と噴水がある中庭をはじめ、宮殿内には大小あわせて10の中庭がある。

見る者を圧倒する
白いバロック装飾

テアティナー教会

ドイツ｜ミュンヘン

オデオンプラッツに建つバイエルン選帝侯フェルディナント・マリアとその妃ヘンリエッテが、テアティナー修道会に寄進した教会。ローマにあるサン・アンドレア・デッレ・ヴァッレ教会を手本にして、1663年に着工し、造営は1世紀ほど続いた。黄色いファサードはロココ様式で、白を基調とした内装は主にバロック様式となっている。地下に、ヴィッテルスバッハ王家が眠る墓所がある。トリノ出身のサヴォイア公女ヘンリエッテは多くのイタリア人芸術家を招き、最新の華やかなイタリア文化をミュンヘンに紹介した。1801年までテアティナー修道会が使用していたが、その後バイエルン政府の所有となり、現在はドミニコ会修道会の教会となっている。

ヴァチカンのサン・ピエトロ大聖堂に由来する蔦がからまるねじれた柱は「ソロモンの円柱」と呼ばれている。

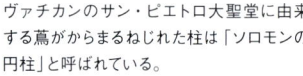

イリュージョニズムが生み出す陶酔感

アザム教会
ドイツ｜ミュンヘン

18世紀、天井画家の父に学びローマのアカデミーで最先端のバロック芸術を修得した、アザム兄弟が自邸隣に自費で建てた教会。兄のコスマス・ダミアンは油絵とフレスコ画、弟のエギト・クヴィリンは彫刻と漆喰細工を担当し、共同でバイエルン地方の修道院の建築に携わった。ローマで見たイエズス会の神父兼画家ポッツォによる宗教的な幻想と陶酔感をもたらす天井画に強い影響を受けており、錯覚をさそい視覚的効果を生み出すイリュージョニズムを導入した。1729年に列聖されたヨハン・ネポムークを祀るアザム教会では、天井画「聖ヤンの生涯と殉教」が描かれた。兄弟の興味は教会内部に集中し、外観は拍子抜けするほどシンプルだ。

SED POTIUS
EVM QVI POTEST ET
PERDERE IN GEHEN

湖上の城で見る デンマーク王室の至宝

フレデリクスボー城

デンマーク｜ヒレロズ

エスロム湖に浮かぶ島の上に建つ宮殿。16世紀中頃、フレデリク 2世が貴族の館を買い取って改築したので、フレデリクスボー城と呼ばれている。17世紀初頭に、クリスチャン 4世がオランダ人建築家に命じて、ルネサンス様式への宮殿へと改築した。同様の建築様式は、クリスチャン 4世が同時代に築いた多くの建築物で採用されており、オランダ・ルネサンス様式、またはクリスチャン 4世様式と呼ばれている。宮殿は戴冠式などの王室の公式行事に使用された。1859年の火事では大きな被害を受けたが再建され、現在は博物館となっており、往時の優雅な生活をうかがいしることができる。焼失を免れた礼拝堂では 17世紀の装飾を見ることができる。

フレデリクスボー城

建築王クリスチャン4世が情熱を注いだ城

ローゼンボー城

デンマーク｜コペンハーゲン

17世紀、コペンハーゲン中心部にクリスチャン 4世が建てたオランダ・ルネサンス様式の城。28年間、4度にわたる工期で拡大し、夏の離宮から、正式な王宮となった。クリスチャン 4世が最も気にいっていた城で、フレデリクスボー城で死の床についていたクリスチャン4世は、最期の日々をローゼンボー城で過ごすことを強くのぞみ、そりで彼を運ぶよう命令したという。クリスチャン 4世は、ローゼンボー城の寝室で息をひきとった。城は 1710年頃まで王宮として使用された後、フレデリク 4世が王室コレクションの保管場所とした。地下1階、地上 3階の城には、タイル装飾のトイレやガラスの間など珍しいものを含む様々な意匠を凝らした内装の部屋がある。

第二帝政をたたえる
豪華オペラハウス

ガルニエ宮

フランス｜パリ

1861年のオペラ座設計競技に優勝したシャルル・ガルニエによる豪華なネオ・バロック様式の劇場。ネオ・バロック様式は、ナポレオン3世が皇帝として君臨した第二帝政時代、国家の威信を表現する建築様式として流行した。建物の総面積は1万㎡を超え、舞台面積1200㎡、5階ある客席の総数は2158という巨大な劇場で、金箔や高級大理石が惜しげもなく用いられ、当代一流の画家や彫刻家が内装に参加している。1964年にシャガールによる客席の天井画が加わった。劇場内部で多用される赤と金は皇帝の色とされる。広大な舞台奈落は、ミュージカルで知られるガストン・ルルーの『オペラ座の怪人』でファントムが潜む地下空間のモデルとなった。

現在もパリ国立オペラの公演会場として使用されている。日中は、劇場ホールや回廊などの見学も可能。

神秘の光で表現された「聖なる書」

サント・シャペル

フランス｜パリ

セーヌ川の中州シテ島にある王宮内に、13世紀、ルイ9世がキリストの「茨の冠」や十字架の断片などの聖遺物を安置するために築いたゴシック様式の礼拝堂。上堂は王族用で下堂が一般用となっていた。上堂には壁がなく、15ある高さ約 15m の窓は、「キリスト伝」を中心に、聖書からとった 1134に及ぶ場面がステンドグラスになっている。西側のバラ窓は 15世紀末の作で「黙示録」が題材となっている。ステンドグラスが教会の装飾として積極的に取り入れられるようになったのは、12世紀ロマネスク時代のこと。その後、ゴシック建築様式の発展があり、より大きな窓を造ることが可能になり、ステンドグラス装飾は全盛期を迎えた。

見る者を圧倒して王の権威を神格化する装飾

ヴェルサイユ宮殿

フランス｜ヴェルサイユ

パリ南西約20kmにある太陽王ルイ14世が17世紀後半に造営した壮大な宮殿。1682～1715年に正式な王宮として使われた。ルイ14世の死後も礼拝堂や劇場、プチ・トリアノン、アモーなどが建設されている。宮殿の中心となる2階部分には、王の大居室、鏡の回廊や、数々の豪華な応接室、国王夫妻の寝室がある。「王の首席画家」だったル・ブランが指揮した豪華絢爛な内装には、アンドレ＝シャルル・ブールによる家具調度をはじめ、まさにすべての美術工芸品が駆使され、王の権威の絶対化、神格化の一翼を担った。ルイ15世時代、サロン文化の最盛期には、優美で岩石や貝殻型モチーフを多用するロココ様式の装飾が中心となった。

マリー・テレーズ、マリー・レクザンスカ、マリー・アントワネットが使用した王妃の寝室。出産もこの部屋で行われた。

歴代王が愛した
森に囲まれた宮殿

フォンテーヌブロー宮殿

フランス ｜ フォンテーヌブロー

パリ南東約 65㎞、広大な森の中にある宮殿。11世紀に築かれた王家の狩猟館に始まり、19世紀のナポレオン 3世に至るまで、王や皇帝に愛され、手が加えられてきた。そのため、フランス近代の装飾様式ほとんどが網羅されているという。特に重要なのは、1528年の「フランス・ルネサンスの父」といわれるフランソワ 1世による全面的な改築で、この際、イタリアから招聘され室内装飾に携わったロッソやプリマティチオなどの芸術家は「フォンテーヌブロー派」と呼ばれる。ロッソ考案の紙の四隅を内側に巻き込んだような化粧漆喰細工カルトゥーシュと彫刻・絵画の組み合わせは、複製版画を通じて、ヨーロッパ各地に伝わり、模倣された。

装飾に用いる外国製タペスリーは高価だったため、国内生産できるようにタペスリー工房の育成がはかられた。

ナポレオン3世の
豪華アパートメント

ルーブル美術館

フランス｜パリ

セーヌ川右岸に位置する旧王宮で、フランソワ 1世が 16世紀に建造を開始し、19世紀後半、ナポレオン3世の時代まで増改築が進められた。リシュリュー翼にあるサロンや食堂からなるナポレオン 3世の居室では、第二帝政時代の華やかな室内装飾を見ることができる。また、ドゥノン翼にあるル・ヴォーが設計し、ル・ブランが内装を手掛けた「アポロンのギャラリー」も、第二帝政時代にウジェーヌ・ドラクロワにより、天井画「大蛇ピュトンを退治するアポロン」が制作された。ルイ 15世の宰相ド・マリニー侯はルーブル宮の王室所蔵品を国民に公開するという案を持っていたが、これは、フランス革命後の 1793年 8月に中央美術博物館として実現した。

ルーブル美術館

column

西洋の建築様式

ヨーロッパを中心に広がった、代表的な建築様式の特徴をあげてみました。
各国の政治や文化の影響を受けながら、様々な時代の様式が交じり合い、
華麗な装飾の世界を造り出していきました。

ビザンティン建築

煌びやかな
東方キリスト教
美術の中心

サン・マルコ寺院
（イタリア）

4～15世紀の東ローマ帝国（ビザンティン帝国）の様式。古代ギリシャ・ローマを引き継ぎ、ササン朝ペルシャの建築技術の影響も受けている。最盛期は大ドームを冠した聖堂が建築された6世紀頃。建築装飾の浮き彫りなどには幾何学的・抽象的な文様が多く、壁面装飾には、キリストや聖母子像を題材にしたモザイクなどが多い。金銀・宝石・七宝なども使用された。東方正教とともに、バルカン半島、ロシアなどにも伝播した。

ロマネスク建築

石造聖堂建築の
重厚感

ノートルダム＝デュ＝ポール教会
（フランス）

10世紀末～12世紀中頃、ヨーロッパ各地に広まった。宗教建築・美術がおもで、修道院が発展に大きな役割を果たした。恒久的な建物を造ることを目指し、聖堂は木造から石造で建てられるようになっていく。建物の構造を支えるため、建物の壁は厚く、窓は小さい。建築を飾るものとして、彫刻や絵画も発展した。彫刻には、彩色木彫などの人物像が多く登場するようになる。ステンドグラスが使用されるようになったのはこの時代。

ゴシック建築

大型化する聖堂と
上昇効果の強調

リッチフィールド大聖堂
（イギリス）

12世紀後半のフランス北部にはじまり、16世紀までに西ヨーロッパ全体に広がった。最大の特徴は、聖堂建築での交差リブヴォールトの使用。ロマネスク時代からあった交差ヴォールトを、リブ（肋骨）と呼ばれる部品や、尖ったアーチや梁《はり》で補強することで荷重が分散され、壁の負担が小さくなり、彩光部が大きい、より高い聖堂を建てることが可能となった。建築装飾では、壁画に代わり、ステンドグラスが中心となっていった。

ルネサンス建築

理想の古典・古代の復興

パラッツォ・メディチ・リッカルディ（イタリア）

13世紀～15世紀末、イタリアで起こった思想の革新運動。ギリシャ・ローマの古典の復興を目指し、あらゆる芸術に波及した。神ではなく、人間の尺度が基準とされた。建築は左右対称や均整を重んじ、水平性や安定が強調された。聖堂だけでなく、宮殿や邸宅などの世俗的建築も大きな分野となってくる。彫刻は建築構造から独立し、大理石が素材として好んで使われた。絵画では、立体感や遠近感を表現する透視図法の原理が体系化された。

バロック建築

権力の誇示にあふれる装飾

バイロイト辺境伯歌劇場（ドイツ）

17世紀初頭のローマにはじまり、ヨーロッパ全体、ラテン・アメリカに伝播し、地方独自の要素を加えながら発展した。背景に絶対王政の成立、反宗教改革があり、巨大スケールの宮殿、絢爛なカトリック聖堂などが建てられた。ルネサンスの均整のとれた様式を逸脱し、曲面が多く不規則で、動感あふれる表現を特徴とする。建築装飾は過剰になる傾向があり、異様な形態、奇抜な着想、鍍金の多用など、感覚に訴える劇的な効果をねらったものが多い。

ロココ建築

優美な宮廷文化を反映

ヴィースの巡礼教会（ドイツ）

18世紀、ルイ14世時代末のフランスにはじまり、ヨーロッパ中で流行した美術様式。最盛期はルイ15世時代。装飾モチーフに好まれた、貝殻やサンゴをモチーフとするロカイユ装飾が語源。後期バロックに分類されることもあり、共通する要素も多いが、貴族のサロン文化が反映され、より洗練された軽快な表現が多い。建築では柱や梁を覆い、壁面と天井が一体化した室内空間が形成された。楕円重視、中国風モチーフ、陶器の流行なども見られる。

ヨーロッパ宗教権力史の証人

バレンシア大聖堂

スペイン｜バレンシア

旧市街にある創建 13世紀の大聖堂。増改築が繰り返されたため、ロマネスク、ゴシック、バロック、新古典様式などが混在する。最後の晩餐に使われた「聖杯」とされる聖遺物が納められており、装飾モチーフにも聖杯が使われている。その勢威と権謀術数でイタリア史に名を残すボルジア家とゆかりが深く、ロドリーゴやチェーザレなど、15、16世紀初頭はボルジア家が続けて司教・大司教となっている。ロドリーゴの曾孫で、3代目イエズス会総長だった聖フランシスコ・ボルハの名が冠された礼拝堂には、赤い牡牛のボルジア家の紋章や、ゴヤの初期傑作といわれる祭壇画『悔悛しない瀕死の病人に付き添う聖フランシスコ・ボルハ』がある。

なお続く奇才建築家の
ライフワーク

サグラダ・ファミリア

スペイン｜バルセロナ

バルセロナ旧市街にある教会。着工 1年後の 1883年にアントニオ・ガウディが主任建築家となり、死去するまで 43年間、「石に刻まれた聖書」を目指し、設計に取り組んだ。ガウディの生前に完成したのは、地下祭室と東側ファサード「キリスト降誕のファサード」のみだが、彼が残した模型を基に現在も工事が続けられている。2010年には、広大な空間が上部に広がる礼拝堂が公開された。枝分かれする支柱、抉られたような柱頭装飾が独特だ。現在は石材だけでなく、コンクリートなども建材として用いられ、3Dプリンターやコンピューター数値制御の石材加工機などの最先端技術が活用されている。2026年には完成が見込まれると最近では発表されている。

イスラム美術あくなき装飾への志向の証左

アルハンブラ宮殿

スペイン｜グラナダ

市街南東の小高い丘の上に建てられた、イベリア半島最後のイスラム王国ナスル朝の宮殿。造営は主に14世紀に行われた。乾燥地帯で生まれた池や噴水がある中庭を建築物が囲む、伝統的なイスラム宮殿建築の貴重な遺構で、イスラム装飾の粋が集められている。色大理石、彩釉タイルや化粧漆喰、透かし彫りによるアラベスク文様、ドームの天井を埋め尽くす鍾乳石飾りムカルナスなど、構造から独立、また実用から飛躍した装飾が、まるで増殖したかのように建物を覆っている。アラベスク文様の中に見られるアラビア文字は、可変性、抑揚に富み、具象表現に制限があったイスラム世界では、装飾要素として多く用いられている。

パルタイ庭園。池を幾何学的に配置したイスラム庭園は、コーランに記述される楽園を表現したものといわれる。

スペイン・カトリックの総本山

トレド大聖堂

スペイン｜トレド

街の中心に位置する13～15世紀建造のゴシック様式の大聖堂。正式名は首座大司教座聖堂、スペイン・カトリックの総本山となっている。五廊式で二重の周歩廊があり、ブルージュのサン＝テチエンヌ大聖堂やパリのノートルダム大聖堂の影響下にあるが、スペイン独自の要素も加えられている。宮廷がマドリードに移された後も、トレド大司教は絶大な影響力を持つ。16世紀には、巨大なゴシック様式の木彫祭壇衝立やベルゲーテ作のルネサンス様式の聖歌隊席、18世紀には、トメー作のアプシスの祭壇「トランスパレンテ」などが加えられている。バロック・ロココ様式のトレスパレンテでは、彫刻・天井画・採光窓を組み合わせ、実際は存在しない奥行きが表現されている。

宝石箱のような
ミュージックホール

カタルーニャ音楽堂

スペイン｜バルセロナ

民族意識の高揚を目指す「カタルーニャ・ルネサンス」運動と呼応した芸術様式モデルニスモを代表する建築家、ルイス・ドメネク・イ・モンタネールが設計した1908年完成の音楽堂。モデルニスモは、アール・ヌーヴォーと同じく、花や植物と有機的な曲線の組み合わせを特徴とし、さらにレンガ建築に彩釉タイルを使用するなど、イスラム美術の影響を受けた伝統的な建築様式を取り込んでいる。ドメネク・イ・モンタネールが好んだ花のモチーフが多用され、モザイクタイルと彫刻を組み合わせた上半身が立体の乙女像、陽光が降り注ぐ天井のステンドグラス。溢れるほどに装飾が施されていながら悪趣味になることなく、華麗で、全体の調和がとれている。

壮大な空間で繰り返される
紅白縞模様

メスキータ

スペイン｜コルドバ

後ウマイヤ朝の首都に築かれた当時世界最大級のモスク。建設開始は758年で987年までに4次にわたって増築された。後ウマイヤ朝は959年にはイベリア半島全土をほぼ支配下におき、この時代のコルドバは商業都市また、イスラム世界の学問と芸術の中心地として大いに栄えていた。最盛期には1000本あったという円柱には遠くカルタゴやコンスタンティヌス（現イスタンブール）からも運ばせた古代建築の柱が用いられた。最大の特色は、馬蹄型の二重アーチで、大理石と赤レンガを組み合わせて縞模様にしたことで、装飾性が高まっている。ミフラーブはモザイクや漆喰細工が施されている。後にキリスト教の聖堂に転用され、教会堂が設けられた。

新大陸の金がさそった
バロック装飾の開花

サン・フランシスコ教会

ポルトガル｜ポルト

旧市街にある13世紀創建の教会。清貧を旨としたフランチェスコ会により建てられた小さな教会を14、15世紀に拡張した。構造や薔薇窓など当時のゴシック様式を保っている箇所もあるが、内部はほとんどが、16世紀のマヌエル様式、17、18世紀のバロック様式の装飾で埋め尽くされている。植物文様などの木彫を金箔で覆ったターリャ・ドウラーダにはブラジルから運ばれた大量の金が使用されている。主礼拝堂のほかに、聖アントニオの礼拝堂、聖母マリアの礼拝堂などがあり、いずれもあふれるほどに装飾が施されている。ダビデ王の父エッサイからキリストにいたる系図を樹木として表した彩色木彫「エッサイの樹」は特に光彩をはなつ。

ほとんど全体に装飾が施されているため、剥き出しの柱やアーチがまるで未完成のように見えてしまう。

啓蒙主義時代の豪奢な知の殿堂

ジョアニナ図書館

ポルトガル｜コインブラ

アルタ地区にあるコインブラ大学付属の豪華絢爛なバロック様式の図書館。12～19世紀の約25万冊の図書を所蔵している。1290年にリスボンで創立されたコインブラ大学はヨーロッパ最古の大学のひとつで、リスボンとコインブラの間で数度移転が繰り返された。ジョアン3世治下の1537年、教員や全蔵書を含む大学すべてがコインブラに移転され最終的に定着した。ジョアニナ図書館は文芸や科学を保護したジョアン5世の命により、1717～28年に建設された。図書館の装飾には、ポルトガル発祥のバロック装飾、金泥木彫ターリャ・ドウラーダが用いられている。この豪華な装飾様式の流行には、ブラジルから流入した大量の金が背景にある。

大セルビア主義時代の擬中世風教会堂

聖ジョルジェ教会

セルビア｜トポラ

トポラ郊外のオプレナツの丘は、1804年にジョルジェ＝ペトロビチ・カラジョルジェがオスマン・トルコ帝国に対する武装蜂起を率いた場所。ジョルジェの子孫で、20世紀、近代セルビア王国の王となったペータル・カラジョルジェビッチが、このゆかりの地に、聖ゲオルギウスを守護聖人とした教会堂と一族の霊廟の建設を計画した。平面プランはセルビア正教の伝統的な聖堂建築様式であるギリシャ十字形の集中式で、ファサードには大理石が使用されている。内部は、地下の霊廟を含め、中世風のモザイクで覆われている。計725種類あり、1500人が描かれているモザイク画の総面積は3500㎡、1万5000色、何千万ものガラス片が使用されているという。

column

装飾が楽しめる施設

20世紀初頭、華やかな装飾は
王侯貴族だけではなく、
市民も楽しめるものになっていました。
ここでは、現在も気軽に訪れ、
装飾を観賞することができる場所を
紹介します。

プラハ市民会館
チェコ｜プラハ

食事も音楽も楽しめる アール・ヌーヴォーの宝石

1911年完成の市民会館。中には、展覧会場、コンサートホール、カフェ、フレンチレストランなどがある。建築の野外博物館といわれるプラハの街でアール・ヌーヴォー時代を代表する建築物であり、多くの工芸家、画家が内装に携わった。市長ホールの壁画はアルフォンス・ミュシャが手掛けており、パリで活躍していた時代の優美な女性像とは異なる骨太な作風の歴史画を見ることができる。

常に最先端アートとともにある百貨店

パリ9区オスマン通りにある19世紀末開業の百貨店。1907～12年の改装で、当時流行していたアール・ヌーヴォー様式の装飾を取り入れた。建築家フェルディナン・シャニュとナンシー派のガラス作家ジャック・グリュベールによる「クーポール（丸天井）」の美しさは一見の価値がある。様々なアーティストが手掛ける季節毎に異なる外壁のイルミネーションもパリの名物のひとつ。

ギャラリー・ラファイエット
フランス｜パリ

食料品を照らすクリスタルのシャンデリア

モスクワ中心街にある1901年開業の食料品店。もともとは、18世紀末に建造された貴族の館で、19世紀には文学者が集うサロンとしても使われた。天井が高く、ネオ・バロック様式の装飾が施された店内は高級感あふれる。開店当時はワインと外国産の食材を中心に扱っていた。現在は24時間営業・年中無休で、日用品や生鮮食料品、高級食材を扱っている。

エリセエフスキー
ロシア｜モスクワ

3000人収容する
欧州最大のシナゴーグ

ドハーニ街シナゴーグ

ハンガリー｜ブダペスト

ペスト地区のエルジェーベト街にあるユダヤ教改革派のためのシナゴーグ。完成は1859年、ウィーンで活躍した建築家ルートヴィヒ・フェルスターの設計。中世のイベリア半島で見られたようなアラブ・イスラム文化と、スペイン文化が融合したムーア様式が採用されている。薔薇窓や床のタイル装飾、シャンデリアなどにいたるまで完成度が高い内装には、フェスル・フリジェシュも参加している。19世紀後半は、オリエント趣味が流行し、他の都市でもムーア様式でシナゴーグが建設されている。ウィーンにもフェルスターによるムーア様式のシナゴーグがあったが、1938年の反ユダヤ主義暴動「水晶の夜」で破壊されてしまった。

内装を担当したフリジェシュもビザンチン様式のシナゴーグの設計プランを出していたが、採用されなかった。

שמש עד מבואו מהלל

ハンガリー建国の父
イシュトヴァーンの教会

聖イシュトヴァーン大聖堂

ハンガリー ｜ ブダペスト

ペスト地区中心部の広場にあるネオ・ルネサンス様式の教会。ヨーゼフ・ヒルドの設計で1851年に着工、カウゼル・ヨーゼフが引き継ぎ、1905年に竣工した。1896年にドーム屋根の崩壊事故が起き、工事が基礎からやり直され、完成までに半世紀を要することになった。高さ96m、幅55m、奥行き87m、収容人数は約8000人にもなる教会で、同時代に建設された国会議事堂と並ぶ市街最大級の建物となっている。内部は、モザイク・絵画・彫像などの豊富な芸術作品で装飾されている。主祭壇の奥にはハンガリー初代国王でキリスト教の布教に熱心だった聖イシュトヴァーン像があり、「聖なる右腕礼拝堂」には、彼の右手首のミイラが保管されている。

イエス・キリストではなく、イシュトヴァーン像が主となっているのは、民族主義が高揚した19世紀のハンガリーならでは。

ブルガリアの
文化と宗教の中心

リラ修道院

ブルガリア｜リラ

10世紀、聖イワンが隠遁生活を送ったリラ山中の洞窟近くに創建された修道院。14世紀に現在の位置に移された。石壁と僧院が囲む敷地内には、14世紀建造で最上階に主の変容礼拝堂があるフレリョの塔、9世紀建造の生神女誕生教会堂などがある。外装に赤と白、黒と白のふたつの縞模様が用いられた生神女誕生教会堂の柱廊部や礼拝堂内部は、色鮮やかなフレスコ画でくまなく覆われている。当時の一流画家によるイコンが掛けられている木彫のイコノスタシスも豪華なものだ。長くオスマン帝国の支配下にあったブルガリアで、言葉や文化を守り続ける保管所の役割を持ち、民族意識が芽生え高まった18、19世紀には、文化と宗教の中心的な存在となった。

キリストの生涯を描いた色鮮やかな19世紀のフレスコ画。色使いや人物表現は東方正教会のイコンの伝統を引き継ぐ。

溢れるほどの人骨で飾られた納骨堂

セドレツ納骨堂

チェコ｜クトナー・ホラ

クトナー・ホラ近郊のセドレツにある全聖人教会地下にある納骨堂で、骸骨教会として知られる。全聖人教会が建つ墓地には、13世紀に聖地エルサレムから持ち帰った一握りの土がまかれたという伝説があり、近隣諸国を含め、多くの埋葬希望者を集めた。また、ペストが蔓延した14世紀には 3万人、15世紀のフス戦争時には数千人もの犠牲者が埋葬されたという。教会建設や墓地の規模の縮小のため、掘り返された何万体分もの人骨は教会の地下の納骨堂に積み重ねられていった。19世紀に教会を購入したシュヴァルツェンベルク家は、その人骨を用いて納骨堂の内装をするようフランティシェク・リントに依頼し、紋章やシャンデリア、蝋燭台などが制作された。

シュルレアリストの映像作家ヤン・シュヴァンクマイエルもこの納骨堂に惹かれ、短編映画を製作している。

巨大木造教会を埋め尽くす色鮮やかな壁画

シフィドニツァの平和教会

ポーランド｜シフィドニツァ

17世紀、ボヘミア地方で起こったプロテスタントの反乱を契機におきた「三十年戦争」の終結後、宗教紛争の終結の象徴として建てられたドルヌィ・シロンスク地方の福音アウグスブルク派の教会。建設期間は1年以内、耐久性のない建材しか使えず、またカトリック教会のような伝統的教会建築様式をとってはならないなどの厳しい条件を課されていたため、中世の建築様式である木骨造りが採用されている。外観は簡素だが、収容人数は5000人を超え、木造教会としてはヨーロッパ最大級となっている。天井や壁面にはヨハネの黙示録を中心に聖書の場面が描かれている。主祭壇やバロック彫刻で飾られたパイプオルガンは18世紀に入ってから造られた。

装飾が排されることが多いプロテスタントの教会として建てられたとは思えないほど、内装に手がけられている。

中世の色彩美際立つ クラクフでいちばん美しい教会

聖マリア教会

ポーランド｜クラクフ

クラクフ旧市街の中央広場に面する1222年創建のゴシック様式の教会。金色の星がちりばめられた青い天井と赤を基調とした柱部分との色彩の対比が美しい。ドイツの後期バロックを代表する彫刻家ファイト・シュトースによる着色木彫の主祭壇は卓越しており、ポーランドの国宝にも指定されている。ポーランド国王に招かれたシュトースは、1477年から1496年の間、クラクフに滞在し自身の工房を造って祭壇の制作にあたった。高さ12m超、聖母と使徒たちの200体もの彫像がある聖マリア教会の主祭壇はシュトースの最高傑作であり、技術の高さはもちろんのこと、緊迫感のあるドラマティックな表現は後のバロック彫刻の先駆けとなっている。

芸術・文化との
強い繋がりを持つ修道会

ベネディクト会アドモント修道院図書館

オーストリア｜アドモント

1074年にアドモントに創設されたベネディクト会の修道院に付属する後期バロック様式の世界最大の修道院図書館。現代も活動するカトリック教会最古の修道会であるベネディクト会は、中世より、歴史記録、芸術、建築などで重要な役割を果たしており、特に彩色写本の発展に大きく関わってきた。貴重な写本を含む所蔵本や、建物・フレスコ画・彫刻など図書館自体が総合芸術作品となっている。7つのドーム天井に描かれた連作フレスコ画は、芸術と科学の宗教との緊密な繋がりをテーマとし、中央の部屋の四隅に向き合うように置かれた4体の人物彫刻は、「七つの大罪と四終」を表すなど、室内を彩る芸術作品はバロック的なアレゴリーに満ちている。

TEMP·D·ALBE
RTO·FRAN
AR'NGHERII

ゴシック大聖堂を飾る大理石の縞模様

シエナ大聖堂

イタリア｜シエナ

市街中心部の丘の上に築かれた大聖堂。ファサードはイタリアの初期ゴシック建築の代表作とされる。12世紀中に着工され、紆余曲折を経て14世紀に建物は完成しており、ロマネスク様式の要素も持つ。建物の内外、鐘楼に施された濃い緑と白の大理石を使った横縞模様が特徴的だ。13世紀のロマネスク最後の彫刻家ニコラ・ピサーノが、息子ジョヴァンニ・ピサーノの協力を得て完成した説教壇。15世紀のシエナ派の画家ベッカフーミらによる床一面の多色大理石の切嵌《きりばめ》装飾、16世紀に活躍した建築家ペルッツィによる大理石主祭壇など、様々な時代の芸術家が内装に携わっている。付属美術館にはかつて聖堂を飾っていた大祭壇画や彫刻が所蔵されている。

ビザンティン美術の粋を集めた黄金の聖堂

サン・マルコ寺院

イタリア｜ヴェネツィア

9世紀に聖マルコの遺骸を納めるために創建された聖堂で、11世紀、かつて東ローマ帝国の首都コンスタンティヌス（現イスタンブール）にあったハギイ・アポストリ聖堂を手本とした聖堂が建立された。港湾都市として発展したヴェネツィアは地中海世界との接触が多く、ビザンティンをはじめとした東方文化から強い影響を受けてきた。円蓋やヴォールトを飾る金地のモザイク壁画や、七宝細工と宝石で飾られた絢爛豪華な祭壇衝立「パーラ・ドーロ」には、コンスタンティヌスの画家や工房が携わっている。15世紀にはマンテーニャやベッリーニ、16世紀にはティントレット、ベロネーゼなどの下絵に基づくモザイク装飾も施された。

モザイク図像の作風には、ロマネスク様式も交じっている。12世紀初頭の火事で多くのモザイクが失われた。

サヴォイア王家の壮麗な狩猟館

ストゥピニージ離宮

イタリア｜トリノ

トリノ周辺にある「歓喜の王冠」と呼ばれる14のサヴォイア王家のバロック様式の宮殿群のひとつ。ヴィットリオ・アメデオ2世に宮廷建築家として招かれ、20年にわたりトリノで活躍したフィリッポ・ユバラが初めて手掛けた宮殿で、狩猟館としては他に比類のない規模を誇る。周囲の森での狩りの拠点として築かれたが、サヴォイア王家の夏の離宮となりベネデット・アルフィエリらにより増改築され、豪華な舞踏会、結婚式などに使用された。優美な色彩の内装には、ヴィットリオ・アメデオ・チニャローリをはじめ多くの画家が携わっている。館内には、家具調度博物館があり、他のサヴォイア王家の宮殿から運ばれた豪華な調度が収蔵されている。

フレスコ画、漆喰装飾、タペスリー、壁紙にいたるまで、近年修復され、往時の輝きを取り戻している。

ストゥピニージ離宮

豊かな色彩で表された
モザイク画の傑作

サン・ヴィターレ教会
イタリア｜ラヴェンナ

5、6世紀、西ローマ帝国の首都として、またビザンティン帝国の主要都市として栄えたラヴェンナには、モザイク装飾が優れた初期ビザンティン建築が数多く残る。6世紀、聖ウィタリスの聖遺物を納めるために建築されたサン・ヴィターレ聖堂は、4世紀にコンスタンティヌス大帝がアンティオキアで建てた宮廷付属の黄金八角堂の形式に連なる集中式プランで建築された。内陣の半円蓋のモザイクには、聖ウィタリスと聖堂を起工した大司教エックレシーウスを伴うキリスト、側壁のモザイクは、6世紀のビザンティン帝国皇帝ユスティニアヌスと随臣、皇后テオドラと侍女などが表されている。柱頭の装飾や、モザイクに用いられた鳥獣を配した唐草文様には東方の影響が強く感じられる。

HIE RVSALEM
BETHLE EM
SCS VITALIS
ECLESIVS EPIS

室内装飾からみる反宗教改革

ジェズ教会

イタリア｜パレルノ

聖イグナチオ・デ・ロヨラが 1534年に創立した男子修道会イエズス会がシチリアに最初に建てたバロック様式の教会。16世紀、本拠地であるローマのジェズ教会とほぼ同時期に建設が開始された。70mの高さがある身廊は、大理石の彫刻、ストゥッコ細工やフレスコ画で埋め尽くされている。内装が完成するまでには 2世紀を要したという。反宗教改革に主導的役割をはたし、精力的に布教活動をすすめたイエズス会は、過剰な装飾や偶像崇拝を否定したプロテスタントと異なり、信仰の強化のために芸術の役割を重要視していた。バロック様式の最盛期とも重なり、世界各地で建設されたイエズス会の教会内部には、見る者を圧倒するような装飾が施されている。

column

一度は訪れたい装飾の素敵なレストラン

「美食の国」フランスの素晴らしい
内装と食事が楽しめる店を紹介します。
気取らないブラッスリーから最高級店まで、
どの店も時代を超越した
魅力をはなっています。

ベル・エポック時代の社交場

1900年、第5回パリ万博に際して完成したパリ・リヨン駅舎内で開業したレストラン。カレーからパリを経由し、地中海沿岸のコートダジュール地方を結んでいたワゴン・リ社の夜行列車の名をとり、1963年、ル・トラン・ブルーと改名された。天井には旅情を誘うフランス各地の風景が描かれている。ネオ・バロック様式の絢爛豪華な内装だが駅にあるレストランなので、特にドレスアップの必要もなく、簡単な食事をとることもできる。

ル・トラン・ブルー
フランス｜パリ

3つ星レストランで王侯貴族気分

パリ1区にあるル・ムーリスは、各国王族やハリウッド・スター、芸術家たちが愛用する1817年創業の高級ホテル。2007年にフィリップ・スタルクにより、グラウンド・フロアやレストランの改装が行われた。ヴェルサイユ宮殿の「平和の間」をモデルにしたメイン・ダイニングは、2013年からアラン・デュカスが監修し、メインシェフはクリストフ・サンターニュが務める。フランスの伝統的な高級料理と新しい技法を融合した料理を提供している。

ル・ムーリス・アラン・デュカス
フランス｜パリ

文化人も集った老舗ブラッスリー

グラスラン広場に面した創業1895年のブラッスリー。一時はセルフサービスの軽食堂になったこともあるが、1982年に新たなオーナーたちによりブラッスリーとしての営業が再開された。エミール・リボディエールによるアール・ヌーヴォー様式の創業当時の内装が保存されている。シガールとはセミのこと。アール・ヌーヴォーでは昆虫のモチーフがよく用いられたが、ここでもシンボルマークとしてセミが使われている。

ラ・シガール
フランス｜ナント

ヴィクトリア時代の中世趣味の復活

セント・パンクラス・ルネッサンス・ホテル

イギリス|ロンドン

セント・パンクラス駅構内にあるホテル。尖塔のある、まるで教会のような外観の駅舎は 1868年開業で、ミッドランド鉄道により、ゴシック・リヴァイバルを代表する建築家ジョージ・ギルバート・スコットの設計で建設された。駅構内に併設されたホテルは 1935年に営業を停止、その後は事務所などとして用いられ、いくつか買収や改装案があったが、なかなか実現しなかった。しかし、セント・パンクラス駅がユーロスターの発着駅となったことで、大幅な駅の改修が可能になり、ミドランド・グランド・ホテルも、セント・パンクラス・ルネッサンス・ホテルとして復活した。全面改修後、ホールや中央階段は、往時の華やかな姿を取り戻している。

ゴシック建築様式の再評価による修復

リッチフィールド大聖堂

イギリス｜リッチフィールド

チェスター司教が領主だったリッチフィールドで、12世紀末から15世紀初頭に建設されたゴシック様式の大聖堂。3つの尖塔と優雅な西側ファサードを持つ大聖堂は、フランスやドイツのものとは異なる細部の装飾重視の方向へと発展した、イギリス独自のゴシック様式「デコレーテッドスタイル（装飾様式）」の傑作とされる。リッチフィールドがロンドンとチェスターを結ぶ駅馬車の途中駅として、大いに繁栄していた18世紀末の修復で、内陣がふさがれ、主祭壇は取り外されるなど大聖堂の内装は、オリジナルとはかなり異なるものとなった。しかし、19世紀に修復を依頼されたジョージ・ギルバート・スコットのおかげで、ゴシック様式の華やかさを取り戻した。

大富豪と建築家が夢見た理想の中世

カステル・コッホ

イギリス｜トングウィンライス

中世に関する研究が進んだ19世紀前半、中世の共同体に理想を見たイギリスでは本格的にゴシック建築のリヴァイバルが始まった。同時に中世の職人の手仕事の評価が高まっていった。中世の意匠を取り入れた建築物を多く手掛けているウィリアム・バージェスは、考古学と中世への興味を分かち合う大富豪第3代ビュート侯の依頼によるカーディフ城の修復をはじめた。カステル・コッホもカーディフ城と同様に、ビュート侯の依頼で13世紀の城砦の廃墟をバージェスが別荘に再建した。バージェスは、カーディフ城の修復のために中世の技術を継承する職人や彫刻家の育成も手掛けたが、そこで学んだ者の多くが、カステル・コッホの内装にも携わっている。

八角形の天井部はフランスで中世建築の修復を手掛けていたヴィオレ・ル・デュクの作品に大きな影響を受けている。

数段にもなる豪奢なイコノスタシス

聖ワシリー大聖堂

ロシア｜モスクワ

赤の広場にある16世紀創建のロシア正教会の大聖堂。雷帝イワン4世がカザンハン国に対する戦勝記念として聖母マリアに捧げたもので、正式名称はポクロフスキー大聖堂。佯狂者《ようきょうしゃ》聖ワシリーの祭室があるため、聖ワシリー大聖堂の通称で知られる。塔状の主聖堂の周りに8つの祭室を配置した独特な教会堂で、17～19世紀にそれぞれ大きさや色が異なる現在見られるような玉ネギ型のドームが造られた。内部には豪華なバロック様式のイコノスタシスがある。イコノスタシスは東方正教会の聖堂で至聖所と信者が祈禱する聖所を隔てる仕切りで、キリストや聖母、聖人を描いたイコンがかけられる。15、16世紀はロシアでのイコン制作の最盛期だった。

ロマノフ家悲劇の地で輝く
モザイク画

血の上の救世主教会

ロシア｜サンクトペテルブルク

1881年のロシア皇帝アレクサンドル 2世の暗殺事件が起きた運河の河畔に 1883 ～ 1907年に建造されたロシア正教の聖堂。正式名称はハリストス復活大聖堂。後継者のアレクサンドル 3世は事件後すぐ、弔いのために聖堂を建立することを発表した。サンクトペテルブルクに多い西洋風建築ではなく、ロシアの伝統的聖堂建築を目指し、モスクワの聖ワシリー大聖堂やキエフのウラジミール聖堂を手本としている。教会内部は、壁や柱、天井のほぼ全面がモザイクに覆われており、中世的な雰囲気が漂う。トパーズや青金石が用いられたモザイク画の総面積は 7500㎡以上、主題のひとつに、悲劇が起った場所であることから、キリストの磔刑が選ばれている。

オスマン帝国最後の
西欧風王宮

ドルマバフチェ宮殿

トルコ｜イスタンブール

オスマン帝国の首都イスタンブールでは、フランス宮廷との交流が盛んだった18世紀以降、様々な分野で西洋文化が取り入れられてきた。1843年には、第31代スルタン、アブデュルメジト1世の命で、ボスポラス海峡沿いに、バロック様式を模した新宮殿の造営が始まった。1856年に完成した宮殿は、王が国の執務を行う建物部分と、スルタンとその家族の生活のため部分（ハレム）が、謁見や公的行事のための広間を挟む形になっている。構造には伝統的なトルコ建築様式が引き継がれているが、ファサードや広間のきらびやかな装飾は、西洋建築の影響が大きい。20世紀初頭には、電気やセントラル・ヒーティングも備えられた。

للبيع
FOR SALE

砂漠の遊牧民の伝統が残る オアシス都市

ガダーミス旧市街の民家

リビア｜ガダーミス

リビア北西部、チュニジアとアルジェリアの国境近くにあるガダーミスは、かつてサハラ縦断交易路のオアシス都市として栄え、「砂漠の真珠」と呼ばれた。交易の発展に大きな役割をはたした遊牧民トゥアレグ族の住民が多く住む。トゥアレグはイスラム教徒だが、男性が顔を隠し、女性が顔を出して華やかに着飾る習慣がある。城壁に囲まれた旧市街には日干しレンガを積み石灰を塗った伝統的な住居が残る。色使いや金属の使用など、室内装飾には女性の民族衣装と共通する要素がある。鏡が多数使用されるのは、暑さを避けるため採光部が少ないのを、光の反射により補うためだといわれる。水源が枯渇したため、現在は住民の大半は新市街に暮らしている。

室内装飾には身近な材料が使われている。床に座る習慣があるので、クッションや敷物はとても重要だ。

贅をつくした
新たな信仰の中心地

シェイク・ザーイド・グランド・モスク

アラブ首長国連邦｜アブダビ

アラブ首長国連邦の初代大統領シェイク・ザーイド・ビン＝スルターン・アル・ナヒヤーンの命で信仰の中心地となるよう建設された。着工は1996年、シェイク・ザーイドが亡くなった3年後、2007年に完成した。鉄筋コンクリート造りで、表面にはギリシャやイタリア産の厳選した大理石が使われており、カリグラフィ、アラベスク文様などの世界各国に伝わるイスラムの伝統的な装飾技法が用いられている。総面積22,412㎡という世界屈指の大きさで、メインの祈禱室だけで7000人以上、モスク全体では4万人が集うことができる。大きさだけでなく、その豪華さも群を抜いており、スワロフスキーのシャンデリアやイラン製のカーペットは世界最大のものだ。

中庭を囲む柱の数は1000本以上。このモスクのために特別にデザインされた植物文様が1本1本に施されている。

シェイク・ザーイド・グランド・モスク

イランの伝統美術とヨーロッパ美術の融合

ゴレスタン宮殿

イラン｜テヘラン

18世紀末、テヘランを首都に定めたカジャール朝の王宮。「ゴレスタン（薔薇園）」の名前の由来となった、ペルシア式庭園を14の宮殿が囲んでいる。19世紀を通して増改築が進められ、芸術家が集い、工芸や美術の中心地としての役割も担った。タイル装飾などは、イラン美術の爛熟期といわれる17世紀サファヴィー朝様式を踏襲しながら、ヨーロッパ美術などの新しい要素を取り込んでいる。2度のヨーロッパ外遊で新古典主義建築や博物館に大きな感銘を受けた、第4代ナーセロッディーン・シャーは、特に大きな増改築を進めており、全面に鏡を使った謁見の間や、鏡の間は彼の在位中に建設された。現在は主な7つの宮殿が博物館として公開されている。

噴水のある小さな池を部屋の温度を下げるために使った夏の離宮には、宮殿で働いた西洋人画家が宿泊した。

世界の半分とうたわれた都の美麗モスク

イマームモスク

イラン｜イスファハン

イマーム広場の南側に位置するモスク。中庭の東西南北にイーワーンが開ける、典型的なイラン型のモスクとなっている。宮廷に画院を設けるなど、絵画の振興にも力をいれたアッバース1世により1612年に建造が始まり、アッバース1世が亡くなった翌年の1630年に完成した。元々はアッバース1世を記念し「マスジデ・シャー（王のモスク）」と呼ばれていた。伝統的な彩釉タイルや、新技術である「ハフト・ランギ（7つの色）」という、あらかじめ絵付けした方形のタイルを貼り合わせる技法を用いて内外に精緻かつ美麗な装飾が施されている。タイル装飾には、宗教的建築物での人物や鳥獣のモチーフが禁止されていたため、幾何学な文様や唐草文様が用いられている。

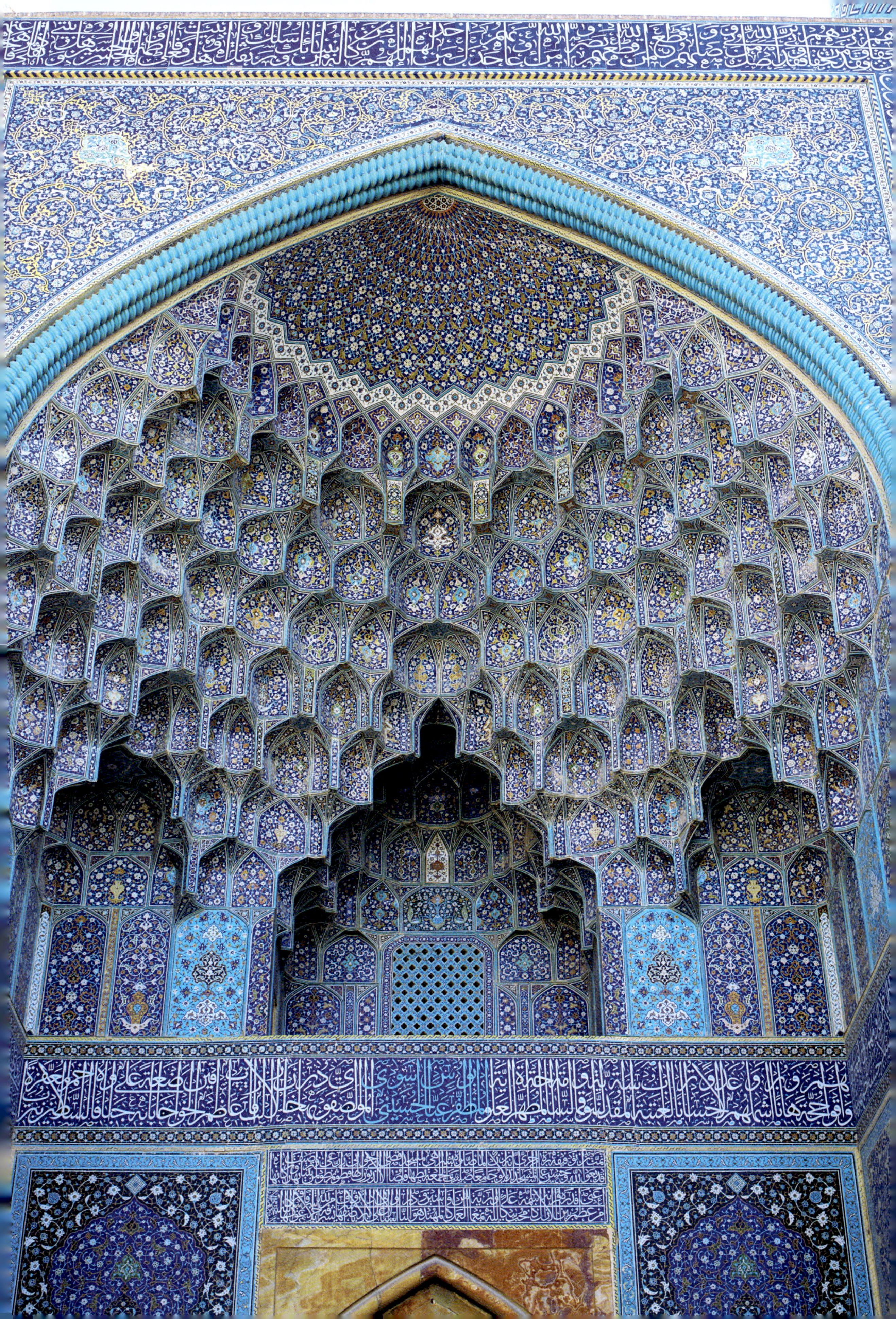

アルメニア人の
心のよりどころとなった教会

ヴァーンク教会

イラン｜イスファハン

ザーヤンデ川の南側、ジョルファ地区にあるアルメニア使徒教会のひとつ。17世紀建造。サファヴィー朝のアッバース1世は、イスファハン造営のため、アゼルバイジャン地方ジョルファにアルメニア人を集団移住させた。この地区に移住したアルメニア人には、ヨーロッパやロシアとの交易の独占権があたえられた。また、オスマン帝国と覇権をあらそうサファヴィー朝はアルメニア正教を保護し、信仰の自由も保証され、教会の建設が許された。ヴァーンク教会をはじめ、ジョルファ地区にあるアルメニア使徒教会では、ペルシア伝統美術の技法と智天使ケルビムの頭部などのアルメニア正教のモチーフが融合し、独特な雰囲気が生まれている。

新たな表現を追求した
薔薇が彩るモスク

マスジェデ・ナシル・アル・モスク

イラン｜シラーズ

カージャール朝時代、1876年から1888年に建築されたモスクで、伝統的な建築要素も持つが、光の取り入れ方など新たな表現も追求されている。内装には、モスクに多い青だけでなく、ピンクや赤、黄色に彩色した陶器タイルが使用され、旅行者にはピンクモスクとして知られる。カージャール朝の美術の大きな特徴には、脱イスラム、民衆美術の要素の浸透、西洋美術の影響などがあり、しきたりを重んじる宗教的な建築物でありながら、装飾には植物文様や幾何学文様だけでなく、西洋風の邸宅などの新しいモチーフが用いられている。ステンドグラスを通して様々に色づいた光が室内を照らす冬の礼拝室は、朝の光で見るのがいちばん鮮やかで美しいといわれている。

光の王の聖廟
万華鏡のような輝き

シャー・チェラーグ廟

イラン｜シラーズ

9世紀にシラーズで殉教したセイイェド・アミール・アフマドの廟。アフマドは第 7代イマーム、ムーサー・カーズィムの息子で、第 8代イマーム、アリー・レザーの兄でもある。イランではシーア派中の最大の宗派十二イマーム派が信仰されており、各地にあるイマームやその血縁者の廟は多くの巡礼者が訪れる聖地となっている。シャー・チェラーグとは「光の王」の意味で、アフマドの墓所が光を放っているのが遠くから見えたため、その名がついたともいわれる。12世紀頃には墓所が造られており、14～19世紀、聖廟兼モスクに増改築された。ドーム内部や壁面を覆う鏡のモザイク装飾は 19世紀のもの。棺や入り口の扉にも豪華な装飾が施されている。

ドームには、ターコイズブルー、紺を中心に、黒・白・クリーム・緑・茶・黄・金などの色のタイルが使われている。

ヒンドゥー神が出迎える
色彩溢れる謁見の間

マイソール宮殿

インド｜マイソール

マイソール王国ワディヤ王家のインド・サラセン様式の宮殿。1897年に焼失した木造宮殿をマドラスで活動していたイギリス人建築家ヘンリー・アーウィンに依頼して再建した。建造は 1912年に完了。失われた宮殿の壮大さの再現が求められた工事は、当初予定されていたより、支出も工期も大幅に上回った。インド・サラセン様式とは、大英帝国植民地時代のインドにおける、いわゆるコロニアル建築の様式で、サラセンとはイスラムをさす。実際には、イスラム建築だけでなく、インドに伝わる木造仏教建築、ラージプート、ヒンドゥーなどの様々な建築様式と、イギリスで当時復活していたゴシック建築などの要素を折衷したものとなっている。

泊って感じる
マハラジャ往年の栄華

サモードパレス
インド｜サモード

インド北部ラジャスタン州の州都ジャイプールの北約40km、アラバリ山地の麓にあるホテル。1987年に実際のマハラジャ宮殿をホテルに転用した。もともとはラージプート族が16世紀に築いた城砦で、19世紀に増改築され、豪華な大広間ダルバールホールや鏡の間シーシュ・マハルがあるインド・サラセン様式とムガール様式が融合した豪華な宮殿となった。ファサードは砂岩を基調とし、内部の天井や壁は象嵌細工やフレスコ画などで装飾されている。43ある客室のうち、4室がロイヤルスイート、20室がデラックススイートとなっている。部屋ごとに異なる優雅な内装には、天蓋付きのベッドや、高級絨毯、アンティーク家具が使用されている。

大きさが異なる鏡のピースを組み合わせた鏡の間はインド有数の美しさ。高いデザイン性と繊細さが感じられる。

イスラム美術の要素を取り入れた優雅な装飾

アンベール城

インド｜アンベール

16世紀、ジャイプル北東の小高い丘にムガル帝国の軍の司令官であったラージプート族のラージャ・マーン・シングが築城し、その後150年にわたって増改築が進められた。城は四層に分かれ、それぞれに門と中庭がある。ヒンドゥー教を信奉し、独自の文化を持っていたラージプート族の諸王国は、ムガル帝国支配下でも、ヒンドゥー教信仰の維持と自治権を獲得していたが、時代が移るにつれ、イスラム建築や美術の影響を強く受けるようになっていった。アンベール城内の建築構造や内装もイスラム美術の影響が色濃い。アラベスク模様、「鏡の間（シーシュ・マハル）」のガラスのモザイク、緻密な窓格子細工などは、イスラム建築で発展したものだ。

ヒンドゥーの神ガネーシャの名が冠された城の中で最も豪華で美しいといわれる門。穹窿がモスクのイーワーンのようだ。

アンベール城

大胆な色使いの細密画が彩る王の居室

メヘラーンガル砦

インド｜ジョードプル

マールワール王国のラオ・ジョーダ王が、1459年マンドールから遷都し、岩山の上に築いた城砦。高いところでは30mを超える城壁に囲まれた内部には、色ガラスのデザインがモダンな16世紀建造の「モティ・マハル（真珠の間）」、柱の金色の装飾が美しい18世紀建造の「フール・マハル（花の間）」、天井の球形ガラスの装飾がある19世紀建造のマハラジャ・タフト・シングの宮殿「タハット・ヴィラス」など宮殿や、王家の守護神を祀る寺院がある。ジョードプルでは、18、19世紀、ムガル帝国の画家と交流しながら、宮廷絵画が発展した。王や妃、王族、神話などを題材とした細密画が、「タハット・ヴィラス」の壁を飾っている。

「フール・マハル」の豪華な装飾から、マハラジャの往時の繁栄が伝わる。王族の肖像画は19世紀のもの。

仏教国タイで
最も豪華な王宮寺院

ワット・プラケオ

タイ｜バンコク

王宮内にある1782年創建の王室の守護寺院。現在も続くチャクリー王朝をラーマ 1世がバンコクに開いたときに建てられた。本堂に鎮座する緑色に輝くエメラルド仏から、「ワット・プラケオ（エメラルド寺院）」と呼ばれている。エメラルド仏は、エメラルドと名にあるが、実際は翡翠製の高さ 60cm ほどの小さな仏像で、金色の袈裟は年に 3回、季節にあわせて衣替えが行われる。建物全体に繊細かつ豪華な装飾が施されており、装飾のモチーフには、インド神話から取り込まれ仏法の守護神となった半人半獣の音楽神キンナラ、神鳥ガルダなどが用いられている。側廊では、神鳥ガルダが蛇神ナーガを両手両足で取り押さえ、退治している姿を反復している。

悪鬼ヤックは、仏法に帰依して護法善神となったされ、日本では夜叉と呼ばれる。タイでは一対の鬼の像として寺院などの入り口に置かれることが多い。

別名「タイの
サグラダ・ファミリア」

サンクチュアリ・オブ・トゥルース
タイ｜パタヤ

直訳すれば「真実の聖域」、伝統宗教の寺院ではなく、独自の東洋哲学の体現を目指したタイの木造建築技法を用いたモニュメントで、入場料を払えばだれでも見学できる。タイ・クメール・インド、中国などの神話に登場する神々や仏などの厖大な数の彫刻により、人類の存在に必要不可欠な、天・地・父・母・月・太陽・星の7つの創造者を表しているという。1981年にタイの大富豪により「地上に再現された天国」を目指して建設が始まった。彼が2000年に亡くなった後は、家族が事業を引き継いで、現在も作業が続けられているが、海沿いにあり、強い日差しや潮風のため、木造建築物の痛みは早く、いつまで工事が続くのか確定していない。

まばゆいばかりの「黄金の部屋」

サント・ドミンゴ教会

メキシコ｜プエブラ

イエズス会、フランシスコ会とともに新大陸での宣教に熱心だった修道会ドミニコ会による16世紀創建の教会。シンプルな外観とはまったく印象が異なる17世紀末完成のロザリオ礼拝堂には金箔が大量に用いられている。当初は、清貧を理想とし、世俗的富の所有を排していたが、17世紀に入ると、修道会は寄進などにより莫大な富と権力を持つ組織になっていき、各都市で豪華なバロック教会が建設された。装飾モチーフに犬が使用されているのは、ドミニコ会の創設者、聖ドミニクスの母親が彼の出産前に、松明をくわえた白と黒のブチの犬の夢を見たことに由来し、ドミニコ会は異教者を神のもとに導く「神の番犬」といわれている。

正面祭壇も十分に豪華なのだが、ロザリオ礼拝堂の輝きに目が眩んだあとでは控えめに見えてしまう。

素朴さがアクセントとなったバロック教会

サン・フランシスコ・アカテペック教会

メキシコ｜アカテペック

プエブラ州西部のチョルラ近くの小村アカペテックにある教会。17世紀中に着工され、18世紀半ばに完成したと考えられている。ファサードや鐘楼が地方特産のカラフルなタラベラ陶器のタイルで装飾されている。内装はねじれた柱や金色に彩色された漆喰細工など、スペインのバロック様式の豪華さを引き継いではいるが、他の教会でみられるような威圧的なものではなく、頭部像の多用、彫像の素朴さ、ときには稚拙さが親しみやすさを生み出している。内陣部分はオリジナルが残っているが、漆喰細工の多くが1939年の火事で焼失し、後に修復された。祭壇の右下にあるのは聖フランシスコ像で、マントを広げ、教皇・司教・神父を庇護している。

まばゆい黄金が目眩まし
聖母信仰の深層

オコトラン聖堂

メキシコ｜トラスカラ

17世紀建造のカトリック聖堂。チュリゲラ様式のまばゆい黄金の装飾の中に、ケープをまとった守護聖人オコトランの聖母の木像が祀られている。16世紀、天然痘の蔓延で多くの先住民の命が奪われたとき、フランシスコ修道会で働く先住民ファン・ディエゴの前に聖母マリアが現れ、病を治す奇跡の水が湧く泉に導いたのが、信仰の始まりといわれる。アステカに対抗していたトラスカラは、コルテスのアステカ帝国征服に協力しており、盛んにキリスト教の宣教も行われた。トラスカラ郊外にあるオコトランも、グアダルーペの聖母が出現したテペジャクと同様にもともと土着の女神信仰の聖地が、意図的に布教に利用され、カトリックの聖地に転じたと考えられている。

本国と豪華さを競い合う「黄金教会」

サン・フランシスコ教会

ブラジル｜サルバドール

1549年にポルトガル人が入植し、1552年にはブラジルで初めてカトリックの司教座となった、サルバドールのペロウリーニョ地区にフランチェスコ修道会が築いた教会と修道院。創建は1587年だが、17世紀にオランダの攻撃で破壊された後、再建され、18世紀まで建造が続いた。平面プランやファサードなどは、イエズス会がサルバドールに建築した教会の影響を大きく受けている。17世紀末にブラジルで金鉱が発見され、ゴールドラッシュが起きたことで、一段と植民地の教会建築は豪華になった。内部の壁や柱は、ポルトガル本国でも流行した木彫を金泥で覆ったターリャ・ドゥラーダが施され、天井には絵が描かれた木製パネルが嵌め込まれている。

回廊の装飾に用いられた白と青の対比が美しいアズレージョタイルは、リスボンから輸入している。

北米最大級の
ゴシック・リヴァイバル聖堂

ノートルダム聖堂

カナダ｜モントリオール

歴史地区のアルム広場に面した1829年完成のゴシック・リヴァイバル様式の聖堂。設計者のジェームズ・オドネルは英国国教会の信徒だったが、晩年カトリックに改宗し、彼の棺は聖堂地下室に納められている。建物の完成後も内装の工事は続けられ、多くの建築家や芸術家が携わった。ステンドグラスには、聖書の場面だけでなく、モントリオールの街の発祥や歴史が描かれている。1870 ～ 1900年にかけて内装に大きく手が加えられた。ヴォールト天井や柱の神秘的な青と金を基調とした装飾はパリのサント・シャペルに触発されたもの。旧約聖書の預言者エゼキエルとエレミヤの彫像をはじめ、数々の彫刻が彩るらせん階段状の説教壇もこの時代に制作された。

黄金の装飾を通して
神と出会う

ラ・コンパニア・デ・ヘスス教会

エクアドル｜キト

イエズス会によるバロック教会。1605年に起工し、1768年に完成したが、エクアドルは地震が多く、何度も地震の被害を受け修復されてきた。イエズス会は宣教だけでなく、現地での高等教育機関の運営に積極的に取り組み、ここでも大学や図書館が併設されていた。ラテン・アメリカのバロック教会の特徴である金がこの教会でも内装に多用されている。ローマのジェズ教会や聖イグナチオ教会を手本としたファサードには、ねじれた柱など独自の要素が加えられている。天井画はイタリアン・バロック、装飾文様にはスペインで多く見られるイスラム美術の影響受けたムデハル様式が用いられるなど、内装には、スペインとイタリア両方の影響が感じられる。

用語集

アザム兄弟
18世紀、ドイツのバロック建築家。兄のコスマス・ダミアンは画家、弟のエギト・クヴィリンは彫刻家でもある。ローマで学び、バロック建築を南ドイツで広めた。

アロンソ・ベルゲーテ
16世紀、スペインのルネサンス様式を代表する彫刻家。イタリアに留学し、ミケランジェロに大きな影響を受けた。

アラベスク
フランス語でアラビア風を意味する。イスラム美術の基本となる模様。多角形などの幾何学模様と、花・葉・蔓などからなる様式化した植物模様などがある。

アンドレ＝シャルル・ブール
17、18世紀、ルイ14世時代に活躍した家具作家。真鍮と鼈甲を用いた華麗な象嵌装飾で知られる。宮邸や貴族のために数多くの家具を手掛けた。

イコノスタシス
東方正教会の聖堂で至聖所と信者が祈禱する聖所を隔てる仕切り。キリストや聖母、聖人を描いたイコンがかけられる。

イコン
東方正教会の聖画。キリストや聖母、聖人などを描く。聖堂だけでなく、信者の家にも置かれた。ロシアで独自の発展をした。

イリュージョニズム
平面上で、まるで現実かのような視覚的効果を生み出す絵画的技法。明暗法、遠近法、短縮画法などの手法がある。

イーワーン
前方が開放されている、トンネル形のホール。12世紀にイスラム建築に取り入れられるようになり、大きなモスクでは、イーワーンとドームを組み合わせた形がよくみられる。

インド・サラセン様式
インド・サラセン様式とは、大英帝国植民地時代のインドにおける、いわゆるコロニアル建築の様式で、サラセンとはイスラムをさす。実際には、イスラム建築だけでなく、インドに伝わる木造仏教建築、ラージプート、ヒンドゥーなどの様々な建築様式と、イギリスで当時復活していたゴシック建築などの要素を折衷したものとなっている。

ヴィッテルスバッハ家
1180～1918年までバイエルンを統治した。16世紀からの厖大な美術コレクションがアルテ・ピナコテーク、ノイエ・ピナコテークなどで公開されている。

ウィリアム・バージェス
19世紀のイギリスの建築家。ゴシック・リヴァイバルの先駆者とされる。中世そのままの生活を過ごせるような自宅を建てるなど奇矯さでも知られた。

ヴォールト
アーチの原理を用いた曲面からなる天井または屋根のこと。穹窿（きゅうりゅう）ともいう。トンネル、交差、ドーム、角ドームなどの種類がある。

ウジェーヌ・ドラクロワ
19世紀、フランスのロマン主義を代表する画家。色彩表現に優れ、色彩の魔術師と呼ばれた。リュクサンブール宮殿など、建築装飾も手掛けた。

オスマン帝国
1299～1922年。オスマンが創始したトルコ系イスラム国家。1453年にメフメト2世がコンスタンチノープル（現イスタンブール）を征服し、遷都した。

カジャール朝
1796～1925年のトルコ系イラン王朝。開祖はアーガ・ムハンマド。英露を中心とする欧州列強の経済的、政治的侵略にさらされた。

カリグラフィ
文字を美しく表現する書法をさす。ヨーロッパでは手書き写本に用いられた。アラビア文字では特に装飾性が高まり、文様としても成立した。

カルトゥーシュ
バロック時代に多用された紙片の一端、または周囲全体が内側に巻き込まれているような形の装飾モチーフ。文字や紋章を表す場合もある。

ギリシャ十字
4枝の長さが同一の十字形。上方の3枝にくらべて、下のひとつが特に長いものはラテン十字と呼ぶ。どちらも教会建築のプランの基本となった。

後ウマイヤ朝
756～1031年。イベリア半島最大のイスラム王朝。シリアのウマイヤ朝滅亡後、その一族のアブドゥル＝ラフマーン1世がコルドバを都として再興した。

サファヴィー朝
1501～1736年のイラン王朝。イスマーイール1世がタブリーズを首都として創始した。イスファハーンに都を移した第5代シャー・アッバースの時代に文化的にも絶盛期を迎えた。

サヴォイア家
11世紀のフランス南東部サヴォワの辺境伯に始まり、15世紀にトリノを首都としたサヴォイア公国、18世紀にサルディーニャ王国を建国。1861年にイタリアを統一し、王位についた。

シナゴーグ
ユダヤ教の祈禱集会堂。聖日、安息日に集い、礼拝を行い、律法を読む。ユダヤ人社会の象徴で、反ユダヤ主義の攻撃対象ともなった。

シャルル・ガルニエ
19世紀のフランスの建築家。絢爛豪華なネオ・バロック様式を得意とした。パリのガルニエ宮、モンテカルロのカジノなど、多数の作品が残る。

シャルル・ル・ブラン
17世紀のフランスの画家。ルイ14世の首席画家として、ヴェルサイユ宮殿の造営と装飾、王立ゴブラン製作所の監督を行った。

集中式
建築プランの一種。円形、もしくは多角形で、線対称になっている。古代から廟や記念堂などに用いられており、ビザンティン様式の聖堂建築でよく見られる。

ジョージ・ギルバート・スコット
19世紀のイギリスの建築家。ゴシック・リヴァイバルの中心的な人物で、30以上の大聖堂、数百の教会を修復した。

ジョゼフ・サンピエール
辺境伯おかかえの宮廷建築家。新エレミタージュ宮殿の「竜の洞窟」や「廃墟の劇場」なども手掛けた。

ジョバンニ・ピサーノ
13世紀後半から14世紀に活躍した、イタリアの彫刻家・画家・建築家。彫刻家の父、ニコラ・ピサーノの元で修行をし、シエナ大聖堂の説教壇やピサの洗礼堂などを手掛けた。

ストゥッコ装飾
化粧漆喰で造られた建造物の装飾。コテやローラーを使って表面に模様をつける手法。

大聖堂
ローマ・カトリック教会で司教区の中心となる教会堂。司祭の上に立ち教区を監督する司教の座席が設けてある。英国聖公会、ギリシャ聖公会では司教座聖堂をさす。

ターリャ・ドゥラーダ
16世紀、ポルトガルで流行した金泥細工。木彫に金を溶かした絵具で塗り込めた。教会装飾に多用された。

チャクリー王朝
タイの現王朝。別名ラタナコーシン朝。トンブリー朝の最高司令官チャクリー（ラーマ1世）がバンコクを首都として創設した。

チュリゲラ様式
スペインで見られるバロック末期の建築様式。装飾過多が大きな特徴で、ねじれ柱、角柱、曲線、彫刻、絵画などを多用する。

ドミニクス・ツィンマーマン
ドイツ・ロココ建築の建築家で、教会を多く手掛けた。ヴィースの巡礼教会は、経験のすべてを捧げた傑作。

トランスパレンテ
トレド大聖堂のアプシスにあるナルシーソ・トメー作の祭壇。絵画・彫刻・採光窓などを組み合わせ、劇的なバロック空間の表現に成功している。

トロンプルイユ
フランス語で「目をだます」という意味。いわゆる錯覚をさそう「だまし絵」のこと。バロックやロココで天井画に用いられた。

ナスル朝
1230～1492年。イベリア半島にあったイスラム王朝。キリスト教徒による国土回復運動レコンキスタによって、1492年に首都グラナダが陥落し、モロッコへと逃れた。

ナルシーソ・トメー
18世紀にスペインで活躍した画家・彫刻家・建築家。チュリゲラ様式の完成者といわれる。

ヒンドゥー
800年頃にはインド全域に広がっていた宗教。ヒンドゥー教の諸神を讃嘆するために多くの躍動感あふれる彫刻や絵画がある。多面多臂のものも多い。

フィリッポ・ユバラ
18世紀、トリノを中心に活躍した後期イタリアン・バロックの建築家。流麗かつ明瞭な空間構成が特徴。アルプス以北のバロック、ロココ様式に大きな影響を与えた。

ランチェスコ・プリマティッチオ
16世紀の画家・建築家・彫刻家。フランスのフォンテーヌブロー宮殿の装飾に携わり、美術監督として活躍した。

フレスコ
生乾きの漆喰の上に水彩絵の具で描かれた絵画のこと。絵具が定着して落ちにくいため、壁画の技法として用いられた。

ベッカフーミ
イタリアのルネサンス・マニエリスム期の画家。シエナ派芸術の伝統を守り、絵画以外にもシエナ大聖堂の舗床を手掛けた。

マヌエル様式
15、16世紀、ポルトガル王マヌエル1世時代に用いられた。ゴシック、ルネサンス、またインドやモロッコなど影響を受け、装飾過多の傾向がある。モチーフには、魚介や海藻、海貝なども用いられた。

ムーア様式
ムーア人は北西アフリカのイスラム教徒をさす呼称だが、ムーア様式といった場合は、ムデハル様式と同じものをさす場合が多い。

ムガル帝国
1526年にティムールの子孫バーブルが建国したインド最後のイスラム帝国。最盛期は、インド＝イスラム文化が大きく発展し、細密画が多く描かれ、タージマハルなど壮大な建築物が築かれた。

ムカルナス
イスラム建築で見られる鍾乳石状、蜂の巣状の装飾。アーチや天井部でよく使用される。

ムデハル様式

イスラム文化とキリスト教文化と融合して形成された建築様式。ムデハルはレコンキスタ後に残留を許可されたイスラム教徒のこと。

モザイク
石・タイル・ガラス・貝殻などを素材とした色の異なる細片を並べ、絵や模様を表したもの。古代から装飾に用いられた。

モスク
イスラム教の礼拝堂。中庭を囲む回廊形が基本。前面開放型の広間であるイーワーンや、メッカの方向を示すミフラーブという壁のくぼみがある。

モデルニスモ様式
バルセロナで1900年前後に流行した芸術様式。装飾性が高く、有機的な曲線が多用される。ルイス・ドメネク・イ・モンタネールが指導的役割を果たした。代表的な建築家にアントニオ・ガウディがいる。

ユスティニアヌス
東ローマ皇帝。在位527～565年。コンスタンティヌスに東方正教会の中心となるアヤ・ソフィアを建立した。皇妃テオドラは美貌と知性で知られる。

ラージプート
インド西部、中部に居住した部族名。各地に小王国をうちたてた。イスラム教徒の支配下でも、諸王国のもとではインド古来の文化が栄えた。

ルイス・ドメネク・イ・モンタネール
20世紀初頭にバルセロナで活躍した建築家。伝統的建築技法と合理的な近代工法とを融合し、モザイクタイルなどイスラム由来の技法も用いた装飾性の高い作品で知られる。

ルイ・ル・ヴォー
17世紀のフランスの建築家。1654年に王室主席建築家となる。ヴェルサイユ宮殿の改築などにより、フランスにおけるバロック様式を確立した。

ロッソ・フィオレンティーノ
16世紀、初期マニエリスムの代表的画家。壁画とストゥッコ装飾を得意とする。フォンテーヌブロー宮殿造営で設計監督を務めた。"

Copyright

p.4	高田芳裕 / アフロ
p.5	Robert Harding / アフロ
p.5	佐山哲男 / アフロ
p.7	Artur Images / アフロ
p.7	picture alliance / アフロ
p.8	laif / amanaimages
p.9	SIME / アフロ
p.9	imagebroker / アフロ
p.10	Steve Vidler / アフロ
p.11	Prisma Bildagentur / アフロ
p.11	Steve Vidler / アフロ
p.11	Steve Vidler / アフロ
p.12	SIME / アフロ
p.13	laif / amanaimages
p.13	Alamy / アフロ
p.13	Steve Vidler / アフロ
p.14	Arcaid / amanaimages
p.15	Arcaid / amanaimages
p.15	Alamy / アフロ
p.16	imagebroker / アフロ
p.17	Alamy / アフロ
p.17	三枝輝雄 / アフロ
p.18	imagebroker / アフロ
p.20	山梨勝弘 / アフロ
p.21	Robert Harding / アフロ
p.21	山梨勝弘 / アフロ
p.22	TARO NAKAJIMA / アフロ
p.22	AGE FOTOSTOCK / アフロ
p.22	白崎良明 / アフロ
p.23	高橋暁子 / アフロ
p.24	Alamy / アフロ
p.25	imagebroker / アフロ
p.26	Photononstop / アフロ
p.26	清水誠司 / アフロ
p.26	縄手英樹 / アフロ
p.27	Steve Vidler / アフロ
p.28	HEMIS / アフロ
p.29	TARO NAKAJIMA / アフロ
p.29	Jose Fuste Raga / アフロ
p.30	TARO NAKAJIMA / アフロ
p.31	TARO NAKAJIMA / アフロ
p.31	Steve Vidler / アフロ
p.32	TARO NAKAJIMA / アフロ
p.33	SIME / アフロ
p.33	Sodapix / アフロ
p.34	AGE FOTOSTOCK / アフロ
p.36	yann Guichaoua / アフロ
p.37	Alamy / アフロ
p.38	Jon Arnold Images / アフロ
p.39	Jose Fuste Raga / アフロ
p.39	Erwin Zueger / アフロ
p.40	高田芳裕 / アフロ
p.41	牛島敏行 / アフロ
p.41	Steve Vidler / アフロ
p.42	SIME / アフロ
p.42	Photononstop / アフロ
p.42	伊東町子 / アフロ
p.43	SIME / アフロ
p.44	photoshot / amanaimages
p.45	photoshot / amanaimages
p.45	Alamy / アフロ
p.45	photoshot / amanaimages
p.46	SIME / アフロ
p.46	高田芳裕 / アフロ
p.46	AGE FOTOSTOCK / アフロ
p.47	AGE FOTOSTOCK / アフロ
p.48	高田芳裕 / アフロ
p.49	富田文雄 / アフロ
p.49	押田美保 / アフロ
p.49	高田芳裕 / アフロ
p.50	Alamy / アフロ
p.51	高田芳裕 / アフロ
p.51	HEMIS / アフロ
p.51	HEMIS / アフロ
p.52	SIME / アフロ
p.53	AGE FOTOSTOCK / アフロ
p.53	imago / アフロ
p.54	KUNIKO SAKAMOTO / SEBUN PHOTO / amanaimages
p.55	Alamy / アフロ
p.56	Alamy / アフロ
p.56	伊東町子 / アフロ
p.56	imagebroker / アフロ
p.57	LOOK-foto / amanaimages
p.57	Alamy / アフロ
p.57	Alamy / アフロ
p.57	熊谷直夫 / アフロ
p.58	AGE FOTOSTOCK / アフロ
p.59	Jon Arnold Images / アフロ
p.59	高橋暁子 / アフロ
p.59	高橋暁子 / アフロ
p.60	Jon Arnold Images / アフロ
p.60	白崎良明 / アフロ
p.60	山梨勝弘 / アフロ
p.61	Jon Arnold Images / アフロ
p.62	高橋暁子 / アフロ
p.63	DeA Picture Library / アフロ
p.63	三枝輝雄 / アフロ
p.63	高橋暁子 / アフロ
p.64	Alamy / アフロ
p.64	laif / amanaimages
p.64	Alamy / アフロ
p.65	Atlantide Phototravel / corbis / amanaimages
p.66	Alamy / アフロ
p.67	Alamy / アフロ
p.67	Alamy / アフロ
p.67	Alamy / アフロ
p.68	片平孝 / アフロ
p.68	Alamy / アフロ
p.69	John Warburton-Lee / アフロ
p.70	imagebroker / アフロ
p.71	Alamy / アフロ
p.72	imagebroker / アフロ
p.73	SIME / アフロ
p.73	CuboImages / アフロ
p.74	mondadori / アフロ
p.74	SIME / アフロ
p.74	SIME / アフロ
p.75	SIME / アフロ

p.76 DeA Picture Library / amanaimages
p.77 DeA Picture Library / amanaimages
p.77 imagebroker / アフロ
p.77 DeA Picture Library / amanaimages
p.78 DeA Picture Library / amanaimages
p.80 三枝輝雄 / アフロ
p.80 佐山哲男 / アフロ
p.81 John Warburton-Lee / アフロ
p.82 CuboImages / アフロ
p.83 SIME / アフロ
p.83 HEMIS / アフロ
p.84 HEMIS / アフロ
p.84 HEMIS / アフロ
p.85 picture alliance / アフロ
p.85 AGE FOTOSTOCK / アフロ
p.85 HEMIS / アフロ
p.85 REX FEATURES / アフロ
p.86 HEMIS / アフロ
p.87 Artur Images / アフロ
p.87 Alamy / アフロ
p.88 Alamy / アフロ
p.89 Alamy / アフロ
p.89 imagebroker / アフロ
p.89 imagebroker / アフロ
p.90 Alamy / アフロ
p.90 Robert Harding / アフロ
p.90 Robert Harding / アフロ
p.91 Alamy / アフロ
p.92 Bridgeman Images / amanaimages
p.93 Arcaid Images / アフロ
p.93 白崎良明 / アフロ
p.94 Laurie Chamberlain / corbis / amanaimages
p.94 ascal Deloche / corbis / amanaimages
p.95 SIME / アフロ
p.96 片平孝 / アフロ
p.97 imagebroker / アフロ
p.97 Robert Harding / アフロ
p.97 Francesco Venturi / corbis / amanaimages
p.98 Alamy / アフロ
p.98 imagebroker / アフロ
p.98 KONO KIYOSHI / アフロ
p.99 Alamy / アフロ
p.100 Jose Fuste Raga / アフロ
p.100 John Warburton-Lee / アフロ
p.100 photononstop / アフロ
p.101 SIME / アフロ
p.102 John Warburton-Lee / アフロ
p.104 Alamy / アフロ
p.104 ZUMAPRESS / アフロ
p.104 ZUMAPRESS / アフロ
p.105 Alamy / アフロ
p.106 DeA Picture Library / アフロ
p.106 DeA Picture Library / アフロ
p.106 laif / amanaimages
p.107 末永幸治 / アフロ
p.108 高田芳裕 / アフロ
p.109 YOSHIHIRO TAKADA / SEBUN PHOTO / amanaimages
p.109 Alamy / アフロ
p.110 AGE FOTOSTOCK / アフロ
p.111 Alamy / アフロ
p.111 Alamy / アフロ
p.111 Super Stock / アフロ
p.112 片平孝 / アフロ
p.112 Alamy / アフロ
p.112 imagebroker / アフロ
p.113 Alamy / アフロ
p.114 Robert Harding / アフロ
p.115 Jose Fuste Raga / アフロ
p.115 AGE FOTOSTOCK / アフロ
p.116 HEMIS / アフロ
p.117 HEMIS / アフロ
p.117 HEMIS / アフロ
p.117 HEMIS / アフロ
p.118 AGE FOTOSTOCK / アフロ
p.118 imagebroker / アフロ
p.118 山梨将典 / アフロ
p.119 山梨将典 / アフロ
p.120 SIME / アフロ
p.122 imagebroker / アフロ
p.122 Bridgeman Images / amanaimages
p.122 安部光雄 / アフロ
p.123 Robert Harding / アフロ
p.124 Alamy / アフロ
p.125 山本忠男 / アフロ
p.125 山本忠男 / アフロ
p.125 後藤昌美 / アフロ
p.126 Alamy / アフロ
p.127 Alamy / アフロ
p.127 mauritius images / アフロ
p.128 アールクリエイション / アフロ
p.128 高田芳裕 / アフロ
p.128 AGE FOTOSTOCK / アフロ
p.129 Bridgeman Images / amanaimages
p.130 Alamy / アフロ
p.131 imagebroker / アフロ
p.132 Jose Fuste Raga / アフロ
p.133 Bridgeman Images / amanaimages
p.133 Jose Fuste Raga / アフロ
p.134 SIME / アフロ
p.134 HEMIS / アフロ
p.134 Super Stock / アフロ
p.135 遠藤徹 / アフロ
p.136 Jon Arnold Images / アフロ
p.137 Rafael Macia / アフロ
p.138 F1online / アフロ
p.139 Alamy / アフロ
p.139 Alamy / アフロ

世界のすごい室内装飾

2015年4月21日　初版第1刷発行

写　真　　株式会社アフロ
　　　　　株式会社アマナイメージズ

デザイン　松村大輔（PIE Graphics）

執　筆　　加藤 希

編　集　　高橋かおる

発行人　　三芳寛要

発行元　　株式会社パイ インターナショナル
　　　　　〒170-0005　東京都豊島区南大塚2-32-4
　　　　　TEL 03-3944-3981　FAX 03-5395-4830
　　　　　sales@pie.co.jp

編集・制作　PIE BOOKS

印刷・製本　株式会社サンニチ印刷

ISBN978-4-7562-4622-6　C0072　Printed in Japan